ESSAI BIBLIOGRAPHIQUE

SUR

LES PRINCIPALES

IMPRESSIONS BOULONNAISES

DES 17me ET 18me SIÈCLES;

PRÉCÉDÉ

D'UNE NOTICE SUR L'ÉTABLISSEMENT DE L'IMPRIMERIE

A BOULOGNE-SUR-MER,

PAR Mr FRANÇOIS MORAND,

Archiviste de cette ville.

BOULOGNE.

CHEZ FRANÇOIS BATTUT, LIBRAIRE.

M.DCCC.XLI.

ESSAI BIBLIOGRAPHIQUE

SUR

LES PRINCIPALES

IMPRESSIONS BOULONNAISES

DES 17me ET 18me SIÈCLES.

BOULOGNE-SUR-MER. — IMPRIMERIE DE F. BIRLÉ.

ESSAI BIBLIOGRAPHIQUE

SUR

LES PRINCIPALES

IMPRESSIONS BOULONNAISES

DES 17me ET 18me SIÈCLES ;

précédés

D'UNE NOTICE SUR L'ÉTABLISSEMENT DE L'IMPRIMERIE

A BOULOGNE-SUR-MER,

PAR M. FRANÇOIS MORAND,

Archiviste de cette ville.

BOULOGNE.

CHEZ FRANÇOIS BATTUT, LIBRAIRE.

M.DCCC.XLI.

L'art de l'imprimerie ne semble pas avoir été florissant à Boulogne, pendant le premier siècle de son établissement dans cette ville. Il y reçut, à ses commencemens, des chanoines de la cathédrale, des encouragemens qui, tout faibles qu'ils paraissent, peuvent en quelque sorte leur faire attribuer l'honneur de l'y avoir fondé. On lit, en effet, dans leurs registres capitulaires, que le 2 février 1665 ils ont ordonné à leur assesseur de payer onze livres à Pierre Battut, imprimeur, pour l'*aider à faire son établissement et sa demeure à Boulogne*. C'est donc en 1665 seulement que Boulogne eut sa première imprimerie. Jusqu'alors ses habitans avaient dû recourir pour leurs très-faibles besoins aux imprimeries de différentes villes, telles que Paris, St.-Omer et même Dieppe.

Nous connaissons, pour être sorti, en 1634, des presses de Pierre Du Buc, à Dieppe, un programme en latin contenant l'analyse d'une tragi-comédie en cinq actes, dont *Annibal* était le sujet. Elle fut représentée alors par les élèves des pères de l'Oratoire de Boulogne, dans la cour du collège.

Les typographes boulonnais ajoutèrent ordinairement à leurs noms ceux des communautés et des administrations qui les employèrent. Ainsi, ils se dirent imprimeurs de la *Sénéchaussée*, de *l'Amirauté*, du *Collège*. Mais en prenant également, jusqu'à la révolution française, le titre d'imprimeurs soit de *l'Evêque*, soit du *Magistrat*, ou *de la ville*, ils nous ont donné l'idée du service le plus étendu auquel leurs presses eurent à suffire durant cette période. Le magistrat leur livrait ses ordonnances de police, ses sentences et des mémoires judiciaires produits dans les procès où la ville de Boulogne eu à défendre et vit quelquefois périr ses privilèges. Elles reçurent de l'évêque des mandemens, des règlemens et des instructions pastorales, particulièrement pendant l'épiscopat de M. de Pressy, dont les nombreuses publications leur donnèrent la seule activité un peu soutenue qu'elles aient eue alors. Mais parmi toutes leurs impressions, nous ne découvrons, jusqu'au milieu du 18e siècle, aucun monument qui témoigne de quelque culture des belles-lettres à Boulogne, en dehors du collège. On ne doit point à l'imprimerie boulonnaise les seuls vers latins à citer peut-être, qui ont été publiés dans la première édition de l'*Histoire de Notre-Dame*, en 1681. Ces vers ont eu pour auteur François Le Bon, né à Boulogne, selon la qualité de *Bolonæus* qu'il prend en les signant, et mort au même lieu doyen de l'église Saint Nicolas, le 9 mars 1691, à l'âge de 51 ans (1). Nous ne connaissons de lui aucune autre œuvre que celle-ci, dont l'*abrégé* de Le Roy (1704) n'a reproduit qu'un extrait assez singulier. Du reste, on ne voit pas les goûts lettrés se déclarer dans notre ville, à une époque où l'esprit littéraire y eût pu profiter du séjour à peu près simultané qu'y firent trois écrivains renommés, à des titres plus ou moins grands, dans l'histoire de la littérature française au 18e siècle ; Lesage, auteur du roman de *Gil Blas*, l'abbé de Voisenon et le marquis de Tressan.

---

(1) Reg. de la paroisse St.-Nicolas, ann. 1691.

Lesage s'était retiré à Boulogne vers la fin de 1743, et il y mourut le 17 novembre 1747. L'abbé de Voisenon y demeura pendant 15 ans pourvu de la dignité de doyen et d'un canonicat du chapitre N. D., dont il prit possession le 18 juillet 1731. (1) A tort ou à raison, il a même été regardé, dans une notice qui renferme plusieurs erreurs sur cette époque de sa vie, comme le rédacteur des mandemens de l'évêque de Boulogne, Jean-Marie Henriau, auxquels on eut, dit-on, à reprocher un style epigrammatique qui ne leur convenait pas (2). Quant au marquis de Tressan, il fut appelé au commandement de Boulogne et du Boulonnais, par commission du Roi, le 12 septembre 1746. (3)

Pierre Battut, le premier en date des imprimeurs boulonnais, était originaire du Piémont, d'après la tradition conservée dans sa famille. Son établissement se transmit, pendant trois générations successives, à ses descendants directs, avec le prénom de leur auteur pour deux d'entre eux; à savoir, *Pierre* Battut, son fils, né le 12 avril 1665, *Pierre* et Charles Battut, issus du précédent, les 19 avril 1711 et 9 mai 1723. Charles Battut fut le dernier des imprimeurs boulonnais de ce nom.

Le plus ancien produit des presses de Pierre Battut, et par conséquent de la typographie boulonnaise, que nous ayons vu, est un *propre des Saints* du diocèse de Boulogne (*officia propria*

---

(1) *Registres capitulaires.*

(2) *Biographie universelle ancienne et moderne*; tome 49, article *Voisenon.*

(3) Registre aux *enregistremens et réceptions des maîtres*, etc. reposant aux archives municipales.

sanctorum), imprimé en 1673. Mais ce n'est pas sa première œuvre. Outre que dans les registres capitulaires il est déjà question, le 23 juin 1665, de livrer à l'impression un travail de cette nature, peut-être celui qui parut 8 ans plus tard, ils indiquent que Pierre Battut a imprimé, en novembre 1665, une *oraison contre la maladie contagieuse*, et, dans le même mois de l'année, suivante *la bulle d'érection du diocèse de Boulogne*. (1)

Il n'imprima pas l'*Histoire de Notre-Dame* que le chanoine Antoine Le Roy publia, à Paris, en 1681 ; et nous concluons du lieu où se fit l'impression de ce livre que ses presses n'offraient pas alors assez de ressources pour la composition typographique d'un ouvrage un peu étendu. Le chapitre avait même dû lui avancer 50 livres en prêt pour commencer celle des *Offices des Saints*.(2) Mais il mit plus facilement au jour, l'*abrégé* de LeRoy, en 1704, et les deux éditions de la *Coutume du Boulonnais*, qui parurent, non en 1673, ainsi que le ferait croire ce millésime placé en tête de sa première page, mais en 1674 et en 1696. Nous ajouterons à la liste des impressions du 17e siècle celle du *Martyrologe* des fondateurs de l'église de Boulogne, faite en 1694, in-folio, et celle des *Coutumes de Calais*, dont la date précise n'est pas connue.

L'*Abrégé* de 1704 est imprimé *avec permission de l'évêque de Boulogne*. Cette formule, qui semble, au premier abord, l'expression toute simple d'une déférence obséquieuse envers un

---

(1) Comptes de *Quotidians* et de *fabrique*, et *registres capitulaires* de l'église N.-D. aux années citées.

(2) *Reg. Cap.*, année 1673.

patron que l'on veut flatter, a une portée plus significative. Elle révèle certaines surprises que plusieurs prélats ont quelquefois essayé de faire au pouvoir royal, en s'attribuant, pour certains cas, la police de l'imprimerie dans leurs diocèses respectifs. Ainsi ils s'arrogeaient le droit d'y défendre ou d'y autoriser l'impression des ouvrages de religion. L'évêque de Saint Omer alla même jusqu'à soutenir, en 1734, des prétentions semblables, devant le parlement de Paris, où il est superflu de dire qu'elles ne prévalurent pas. (1)

Pierre Battut avait eu de son premier mariage, parmi plusieurs enfans, une fille née en 1668, dont nous ne mentionnons la naissance que pour la qualité de son parrain, Le Roy de Lozembrune, lieutenant-général de la Sénéchaussée du Boulonnais. (2) Cette circonstance nous prouve qu'il a joui d'une considération assez marquée. Son fils, nous l'avons déjà dit, comme lui prénommé *Pierre*, avait fait ses études au collège de l'Oratoire. Il lui succéda dans sa double profession d'imprimeur-libraire, et l'exerça jusqu'en 1739, où ses infirmités le forcèrent de la quitter. Il eut également un fils de son prénom pour successeur; et ce dernier fut admis à le remplacer par commission royale du 14 septembre de l'année que nous venons de citer.

Il y avait alors peu de mois qu'un arrêt du conseil d'état avait fixé, en le diminuant, le nombre des imprimeurs en France. Cet arrêt est du 31 mars 1739. Boulogne s'y trouvait au rang des villes auxquelles il n'était attribué qu'un imprimeur, et conservait

(1) Denisart, coll. de déc. nouv. 1775, t. II, p. 553.

(2) Reg. de la paroisse St.-Joseph.

ainsi son même état. Mais, on y supprimait les imprimeurs établis dans 46 villes, parmi lesquelles nous en remarquons deux appartenant aujourd'hui au département du Pas-de-Calais, *Aire* et *Calais*. Ces deux villes n'avaient pas été comprises au nombre de celles qu'un arrêt du 21 juillet 1704 autorisait à posséder une imprimerie. Il en résulte que leurs imprimeurs devaient n'y être établis que depuis cet arrêt, quand celui du 31 mars 1739 vint les supprimer. Boulogne ne dut vraisemblablement qu'à son rang de ville épiscopale le privilège de conserver le sien; et le genre d'ouvrages qui formèrent pendant plus de quarante ans ensuite la partie la plus notable de ses impressions, justifierait assez le gouvernement de le lui avoir laissé à ce titre.

En effet, M. de Pressy, devenu évêque de Boulogne à la fin de 1742, employa les années de son long épiscopat à la composition de volumineux écrits sur des points fondamentaux de doctrine religieuse, et à la publication de divers livres faite dans l'intérêt et pour le besoin de son diocèse. Ce furent autant de *labeurs* dont l'impression ne cessa d'être confiée aux imprimeurs boulonnais. Charles Battut, recueillant, en 1752, l'héritage et la clientelle de son frère, eut à ces publications une très-grande part. Le mouvement de ses presses s'accrut aussi quelque peu de la publicité qu'elles furent plus fréquemment chargées de donner aux actes de l'administration municipale. Ajoutons qu'enfin l'esprit boulonnais paraît se montrer tant soit peu jaloux de se produire et qu'il jette quelque faible lueur. La variété des sujets, et une certaine importance de matières dans plusieurs ouvrages particuliers que Charles Battut a exécutés durant son exercice de 20 ans, commencent même à nous faire apercevoir, à cette époque, sinon la nécessité, du moins l'utilité et l'avantage d'une imprimerie pour Boulogne. Sans parler de ses nouvelles éditions des *Coutumes du Boulonnois*, en 1761, et de l'*Abrégé de l'Histoire de N.-D.*, en 1764, qui ne le distinguent pas de ses prédécesseurs, il publie, en 1762, des observations de médecine vétérinaire dont le Boulonnais est l'objet; il imprime, en 1773, pour l'usage du collège de l'Oratoire, deux traités d'instruction élémentaire dans lequel sont exposés les principes de la langue latine. Il nous offre même à constater un signe de cette existence littéraire que Boulogne nous a laissé presqu'infructueusement chercher jusque là, et que nous trouvons dans une pièce de vers français. Ces vers ne portent aucune indication de leur origine typographique; mais il serait impossible de n'en pas attribuer l'impression à Charles Battut. Ils furent composés à l'occasion d'une tentative d'assassinat exercée sur la personne de l'évêque de Pressy. Relativement à leur mérite, ce n'est pas là de la poésie; mais encore est-ce le chemin par lequel on y arrive. (1)

Il était naturel que Charles Battut, exerçant l'imprimerie,

---

(1) La circonstance de ce crime rapellée dans l'éloge de M. de Pressy, prononcé le 8 février 1790, s'y trouve rapportée ainsi à la note de la page 22. « M. l'évêque de Boulogne fut *assassiné* le 14 » juin 1759, jour du St. Sacrement, au sortir des vêpres, lorsqu'il » allait passer de l'église dans l'évêché. Ce crime eut pour cause la » vengeance d'un homme qu'il avait exclu des ordres sacrés long- » temps auparavant. Le coup fut très-violent; mais, par un effet » de la divine providence, un soldat, qui passa auprès de l'assassin » au moment où il se préparait à donner le coup, en détourna la » direction, en sorte qu'il porta sur la clavicule. Le couteau cassa » et la blessure ne fut pas dangereuse. »

désirât pour Boulogne un accroissement des sources de l'instruction populaire. Dans la marche des connaissances humaines, c'est le propre d'un art ou d'une science dont les principes et les élémens sont devenus vulgaires, de porter plus d'esprits à se détacher de la foule et à monter vers les hautes régions de l'intelligence et du talent. On remarque bien plus d'hommes qui cherchent à se rendre savans, quand tout le monde a de l'instruction. Charles Battut a pu le comprendre en dotant, par son testament, une école primaire. Un legs de 12,000 livres fut affecté par lui à l'entretien de deux frères de la doctrine chrétienne dans les classes que les libéralités de M. de Pressy avait aidé la ville de Boulogne à fonder, en 1775, dans la Beurrière, pour y instruire gratuitement les fils de marins et des autres habitans de ce quartier (1). Il mourut le 14 août 1781. Après lui son établissement passa successivement à François Dolet, veuve Olivier-Dolet, P. Hesse, J. Le Roy, et F. Birlé, possesseur actuel.

L'œuvre la plus considérable qui soit sortie de l'imprimerie de François Dolet, est une collection des *instructions pastorales* de l'évêque de Pressy, rééditées en deux gros volumes in-4°. Elle parut en 1786 avec un grand nombre d'additions. D'après l'imprimeur-éditeur, plusieurs de ces *instructions* avaient été fort répandues, et il ne s'en rencontrait plus pour satisfaire aux demandes qui lui arrivaient de toutes parts. On y faisait savamment aux doctrines philosophiques alors en crédit, et surtout aux écrits de Bayle, une guerre qui était très-propre à leur donner cette vogue, d'abord auprès des ennemis de ces doctrines, et se-

(1) Arch. Municip. de Boulogne.

condairement chez les lecteurs curieux de tout connaître dans les polémiques où ils suivent un parti. Aussi est-ce aux *théologiens connaisseurs* que l'éditeur demande de les juger. Il devait s'en trouver fort peu à Boulogne, après les chanoines et les oratoriens. L'éditeur lui-même avoue naïvement, à l'égard des matières traitées dans ces ouvrages, qu'il *n'y est pas versé*, et il les publie par conséquent sans les comprendre. Si les libraires de notre siècle ne comprennent pas toujours les livres qu'ils éditent, au moins en les recommandant au public n'ont ils plus l'ingénuité de le lui avouer.

Les publications des ouvrages de M. de Pressy, bien qu'elles honorent la ville où elles se sont faites, demeurent donc étrangères à l'esprit de cette ville et ne témoignent en aucune manière d'influences littéraires qu'elle ait exercées ou de symptômes intellectuels qui lui fussent propres à cette époque. Mais elle peut revendiquer ces influences et ces symptômes à d'autres titres et pour gage de travaux à venir. Les *Mémoires sur l'agriculture du Boulonnois*, par Dumont de Courset, imprimés à Boulogne en 1784, la rapprochent du jour où l'une des premières sociétés d'agriculture sera fondée en France. Un poème héroï-comique en deux chants, *le Ballon*, y est publié l'année suivante, au sujet des retards alors éprouvés par Pilatre de Rozier, pour son voyage aérien de Boulogne en Angleterre. Ce badinage poétique, dont les événemens ont fait une satire, et que la chute tragique du célèbre aéronaute a rendu presque cruel, la prépare à de plus réels succès que ses enfans ne tarderont pas à obtenir sur son propre sol et qui s'y perpétueront. Elle réparera même sa longue infécondité, en donnant aux lettres et aux sciences des noms d'écrivains trop grands pour qu'elle puisse les contenir et ait à réclamer d'eux sans partage autre chose que l'honneur de leur naissance et de leurs premiers pas. Elle conservera toujours l'empreinte qui y ont laissée deux d'entre les trois écrivains de premier ordre, P. C. F. Daunou, J. J. Leuliette, et A. C. Sainte-Beuve (1), nés dans ses murs pour la gloire littéraire de la France. On a de M. Daunou, alors prêtre de l'Oratoire et résidant à Montmorency, trois opuscules imprimées en 1791, chez Dolet, dans lesquels il défend les décrets de l'Assemblée Nationale sur la constitution civile du clergé. Plusieurs discours de Leuliette, inspirés par les évènemens politiques du temps, ont également paru chez Dolet en 1790 et 1791. La Société des Amis de la Constitution de Boulogne faisait les frais de ces publications, et de quelques autres, par lesquelles elle s'efforçait d'animer l'esprit public et d'activer autour d'elle le tardif essor de la pensée.

Des *Etrennes du district de Boulogne* pour l'année 1792, se

---

(1) Puisque nous avons dépassé nos limites en citant M. Sainte-Beuve, qui n'a de Boulonnais que son origine, nous devons mentionner sous le même rapport le savant Michel Lequien, né à Boulogne en 1661, et, de plus, auteur d'une histoire abrégée de cette ville et de ses comtes. Le boulonnais J.A.G. Cuvelier, qui naquit en 1766, réclame Boulogne, dans la 2e partie de ses *nouvelles*, *contes*, etc., pour le berceau de ses *premiers essais* et de ses premiers *vers*: mais nous ne voyons pas que l'imprimerie de cette ville les ait fait connaître. Cuvelier acquit à Paris, où il s'était fixé, la demi-célébrité que lui valut le succès de ses pièces pantomimes, entre autres de la *Fille Hussard*, dont Geoffroy a parlé avec éloges. Dans les sciences, la France et l'Institut se feront toujours honneur des travaux de l'agronome Victor Yvart, que Boulogne leur a également donné.

qualifient *historiques* et *littéraires* et justifient ce double titre. Dans le coup d'œil peu satisfait qu'elles jettent sur le passé littéraire et scientifique de cette ville, elles ne balancent pas à lui reprocher son *engourdissement* et sa *nullité*. C'était prendre l'engagement de l'en faire sortir; et cet engagement a été tenu. L'auteur des *Etrennes*, pour son propre compte, s'est acheminé par elles à la composition de l'ouvrage très-estimé qu'il a publié en 1810, sous ce titre : *Essai historique, topographique et statistique sur l'arrondissement communal de Boulogne-sur-mer, par J. F. Henry*. Le nom de l'imprimeur de ce livre, M. Le Roy-Berger, est précieux à constater, pour marquer les subits accroissemens de la typographie à Boulogne. Le 6 janvier 1804, M. Le Roy-Berger vint de Calais, où il exerçait depuis 1793, y fonder une nouvelle imprimerie. Son établissement y avait été précédé peu auparavant par une *imprimerie de la marine*, la même, à ce que nous présumons, qui se dit ensuite *de l'aigle impériale*, et appartint, en dernier lieu, à Déperrest-Verner. Elle publia une collection des bulletins de la grande armée contenant les campagnes de 1806 et 1807, et ne subsista guères au-delà de ces deux années. Celle de M. Le Roy-Berger continua de prospérer et de s'accroître; il la transmit, à la fin de 1828, à son fils M. J. Le Roy, après qu'elle eut donné le jour, presque sans concurrence jusqu'en 1822, aux productions de la littérature boulonnaise. A cette dernière date, l'imprimerie des Battut, qui avait quelque peu langui depuis plusieurs années, se réhabilita entre les mains de M. P. Hesse, et partagea avec celle de M. Le Roy la faveur du public et des auteurs, pour la conserver ensemble. Aujourd'hui Boulogne compte trois imprimeries, par suite du brevet obtenu en 1831, par M. Griset; et chacune d'elles possède un journal français qui a des rédacteurs et des abonnés. Ce simple exposé fera juger du développement qu'ont pris dans cette ville, en moins d'un demi-siècle, les sources de la publicité, et par conséquent le travail d'esprit, comme aussi les causes de prospérité matérielle qui continuent de les alimenter.

Les impressions des 17e et 18e siècles qu'il suffit à notre but actuel de rechercher ici, ne sont plus faciles à trouver. Elles se sont composées en très-grande partie, comme on l'a vu, d'ouvrages religieux et théologiques. L'époque à la quelle la bibliothèque publique de Boulogne se forma, pour l'école centrale, n'était pas favorable à la conservation des livres de cette nature. Le gouvernement républicain les avait même notoirement proscrits.(1) Aussi n'eurent-ils point accès dans ce dépôt, et le peu qu'il en possède provient-il d'acquisitions ou plutôt de donations postérieures. Mais la bibliothèque de M. l'abbé Haffreingue en a réuni un plus grand nombre; et nous avons pu les y consulter. Il nous a paru que la rareté de ces productions typographiques, et en général de toutes celles des imprimeurs boulonnais, jusqu'au 19e siècle, était un grand motif d'en dresser l'inventaire, pour n'en pas perdre au moins le souvenir, si elles venaient à disparaître. Nous avons essayé de décrire celles qui nous sont connues, en indiquant à la suite de chaque article, la collection publique ou privée à laquelle appartient l'exemplaire imprimé qui nous en a fourni le sujet. Ainsi, les exemplaires reposant à la bibliothèque de la ville de Boulogne seront désignés

---

(1) Lettre écrite par le ministre de l'intérieur, Benezech, aux administrateurs du département du Pas-de-Calais, le 19 floréal an IV.

par les initiales B.B. Le catalogue très-bien fait de ses livres, que l'on doit à son conservateur actuel, M. Adolphe Gérard, nous a fait connaître en quelques heures de recherches faciles, ce qu'en l'absence d'un travail aussi méthodique, des mois entiers d'investigations pénibles ne nous eussent peut-être pas complètement appris sur les publications boulonnaises qu'a recueillies cet établissement régénéré. Les deux lettres B.H. indiqueront la bibliothèque de M. l'abbé Haffreingue. Nous-mêmes, depuis que nous nous sommes attaché à rassembler les monumens de la typographie de Boulogne, nous en avons acquis plusieurs que ces deux bibliothèques ne possèdent pas; et nous en accompagnerons la description des lettres F. M.

Les archives municipales de Boulogne, dans lesquelles nous comprenons celles qui proviennent de l'église Notre-Dame, seront représentées par les lettres A. M. Elles nous ont fourni, pour le 17e siècle, des renseignemens sur quelques impressions exécutées dans cette ville, plutôt que ces impressions elles-mêmes. On jugerait avec raison ces renseignemens de très-médiocre valeur, s'ils n'avaient pour mérite de nous avoir conservé la date des premiers produits de l'imprimerie boulonnaise. Nous les reproduirons donc, dans leur intégrité, lorsqu'ils devront nous tenir lieu des impressions qu'ils rappellent et qui ne se rencontrent plus. Il arrivera qu'ils pourront être trouvés futiles; mais, pour les recherches de la nature de celles qui nous occupent, on n'est guères exact, sans être minutieux. En bibliographie, comme en archéologie, c'est une très-grande faute de ne juger que par rapport à soi de l'utilité d'un document. Les notes que nous avons jointes à quelques articles tendent à le démontrer.

Nous donnons très-peu de place dans notre *essai* aux mandemens épiscopaux, et aux actes de l'autorité municipale; l'importance typographique dont ces pièces, et d'autres encore que nous ne désignons pas, tireraient ici toute leur valeur, devenant fort secondaire au milieu des productions et des années où nous aurions à les enregistrer.

ESSAI BIBLIOGRAPHIQUE

SUR LES PRINCIPALES

IMPRESSIONS BOULONNAISES

DES 17me ET 18me SIÈCLES.

DIX-SEPTIÈME SIÈCLE.

1665.

1. « Payé à Pierre Battut, imprimeur, pour avoir imprimé la lettre circulaire de feu Monsieur de la Roque, chanoine. » (*Compte de la fabr. de l'égl. N.-D. pour* 1665.) A. M.

La date de la mort de ce chanoine, si nous la connaissions, nous donnerait exactement celle de cette impression. Nous savons seulement qu'au mois de juin 1665 il n'existait plus.

2. « Payé à Pierre Battut, imprimeur, trente-cinq sols pour cent exemplaires d'oraison contre la peste. » (*Ibid. id.*) A. M.

L'ordonnance de ce paiement, dans le registre capitulaire de 1665, est du 13 novembre.

1666.

3. « Payé à Pierre Battut, imprimeur, pour avoir réimprimé la bulle d'érection de l'évesché de Boulogne, cent sols. » (*Compte de la quotidiane pour* 1666.) A. M.

L'ordonnance de paiement est du 26 novembre.

1670.

4. « Payé à Battut, imprimeur, quatre livres pour avoir imprimé une lettre circulaire pour donner avis aux chapitres de la province des décès de Messieurs les chanoines de cette église. » (*Compt. de la quotid. pour* 1670.) A. M.

1673.

5. Officia propria Sanctorvm insignis Ecclesiæ Cathedralis et Diœcesis Morino-Boloniensis ad formam Breviarii Romani redacta. Boloniæ, apud Petrvm Battvt, illustris ac Reveren: Domini D. Episcopi Typographum, M.DC.LXXIII, (in-8° de XVIII pages non chiffrées, et 158). B.B.—F.M.

L'impression de ces *offices*, commencée dans les premiers jours de 1673, ne fut terminée qu'au mois de septembre suivant. Nous en jugeons du moins ainsi par la date du prêt de 60 livres qui furent avancées à l'imprimeur le 16 janvier, comparée à celle du 25 septembre à laquelle les chanoines arrêtèrent en chapitre l'époque où commencerait l'usage des « offices de l'ancienne église de Thérouanne *nouvellement* imprimés. » Il fallait bien peu d'activité pour mettre huit mois à imprimer un livre de 176 pages. A procéder de la sorte, l'Histoire de N.-D. de Boulogne eût demandé deux ans. Nous avons lieu de croire que les offices de 1673 ne sont pas différens de ceux des *saints locaux du diocèse de Boulogne*, que le chapitre N.-D., dès 1665, avait demandé à l'évêque la permission de faire imprimer et dont l'impression aura été sans doute ajournée.

Les exemplaires de cette édition ne sont pas tous conformes. Il en est qui ne renferment pas les additions faites à la suite de la page 168, sous le titre *Rubricæ suis locis addendæ,* et formant, en plus, les deux dernières pages non chiffrées que nous n'avons pas comptées et qu'il faut ajouter.

6. Covtvmes Généralles de la Séneschavssée et Comté de Bovlenois, ressorts et enclavemens d'icelles, avec les coûtumes locales d'Estappes, Wissent, Herly, Quesque, Nédoucet (*Nédonchel.*) Toutes lesdites coustumes avec leur procès verbaux, et icelles par ordonnances du Roy, accordées et reformées et mises par devers la Cour de Parlement, en 1651. A Bovlongne, chez P. Battut, impr. et libraire; M.DC.LXXIII. Avec permission, (in-18 de pp. 191 : 1 non ch.) B.B.

On lit à la page 191, que ces Coutumes ont été « imprimées à Boulongne, en cette présente année mil six cens septante *quatre*; » et la permission du Roi, pour les imprimer et les vendre, qui se trouve à la page suivante, porte également la date de 1674 (20 février.) Le millésime du titre de l'ouvrage n'indique donc pas la date de son édition; mais il prouve que l'on a commencé de l'imprimer en l'année 1673 et par son titre.

1676.

7. Officia propria plvrimorvm sanctorvm ex variis sanctorvm Pontificvm decretis, breviario romano addenda. Et ab omnibvs fidelibus, partim de Præcepto, partim verò ad libitum piè recitanda. Bolonia. Apud Petrvm Battut, Illustris. ac Reverend. Domini D. Episcop. Typographum M.DC.LXXVI. (in-8° de pp. 142.) F. M.

1681.

8. « Payé à Battut, imprimeur, cinquante s. pour billets imprimés pour prier le peuple au service d'enterrement et d'octave de feu M. Morlet. » (*Compte de la quotid. pour 1681.*)

1687

9. Extrait des Registres du Conseil d'Etat, (in-4° de pp. 6.) A.M.

On a imprimé sous ce titre l'arrêt que le Boulonnais obtint, le 13 mai 1687, contre le fermier des aides de la généralité d'Amiens. Nous voyons, par le compte *des deniers communs* de la ville de Boulogne pour 1687, que cet arrêt, qui n'offre aucun renseignement sur le lieu et l'auteur de son impression, est sorti des presses de P. Battut. Beaucoup de pièces de ce genre, qu'il deviendra supperflu de rapporter dans cet *essai*, et dont les premiers Battut ont été les imprimeurs, manquent semblablement de ces indications d'origine typographique, malgré les arrêts de Parlement qui les prescrivaient.

1689.

10. « A Pierre Battut, imprimeur, la somme de 4 livres pour avoir imprimé plusieurs choses pour la ville. » (*Compte des deniers communs et d'octroi de la ville de Boulogne pour* 1689). A.M.

1694.

11. Martyrologe des fondations de l'Église de Boulogne. — Boulogne, 1694, in-folio.

Nous citons ce Martyrologe d'après la description qui en est faite à l'article 5476 du supplément de la *bibliothèque historique* de J. Lelong (édition de 1768.) Il ne s'en est jamais trouvé d'exemplaire que nous ayons pu connaître ; et les archives de l'église N.-D. ne nous ont encore offert à son égard aucun renseignement, si ce n'est que dans une séance du 10 octobre 1667, nous voyons le chapitre N.-D, prier quatre de ses membres, au nombre desquels figure le chanoine Le Roy, « de travailler incessamment à dresser un martyrologe. » Le chapitre leur recommande d'y « marquer exactement toutes les messes, fondations » et obits qui devront estre acquittez durant l'année. »

Antoine Scotté de Vélinghen, dans l'avant-propos de son manuscrit intitulé : *Description de la ville de Boulogne-sur-mer, etc.*, parle d'un *martyrologe de la cathédrale de Boulogne*, en latin, dont il dit qu'Antoine Le Roy est l'auteur, et qu'il l'a fait imprimer sur parchemin. Si, comme on doit le croire, ce martyrologe est le même que celui dont la composition fut ordonnée par le chapitre, Antoine Scotté peut n'avoir pas été entièrement exact en l'attribuant seulement à Antoine Le Roy.

1696.

12. Covtvmes Generales de la Sénéchavssée et Comté de Bovlenois, ressorts et enclavements d'icelle. Ensemble les coûtumes locales de la ville, basse-ville et banlieuë de Boulogne, Estappes, Wissant, Desvrene, Herly, Quesque et Nédonchel, avec leurs procèz verbaux. A Boulogne, chez P. Battut, imprimeur de la ville, 1696. Avec permission (in-18 de pp. 182.) B.B.—F.M.

(16 . .)

13. Covstvmes de la ville de Calais et pays reconqvis mises et rédigées par écrit, arrestées et publiées en présence des gens des trois Etats de ladite ville et pays par les Commissaires à ce députez par le Roy. Reveuës, corrigées et augmentées. A Bovlogne. Chez P. Battvt, imprimeur de la ville. Et se vendent à Calais chez Madame L'Enfant. (in-18 de pp. 125 · 11 non ch.) B.B.

Ces coutumes ne portent pas la date de leur impression, laquelle nous paraît d'une époque assez voisine de celle des Coutumes décrites à l'article 6 de cet *essai*. Cependant, faute de pouvoir rien affirmer, nous la renvoyons à la fin du 17e siècle, auquel il est plus sûr qu'elle appartient.

DIX-HUITIÈME SIÈCLE.

1701.

14. Statvts synodavx dv Diocèse de Bovlogne, par Monseignevr l'évêque de Bovlogne. A Boulogne, chez P. Battut, imp. de Monseigneur l'Évêque, 1701 (in-4° de pp. 6 : 67 : 1. non ch.) B. H.

1704.

15. Réglemens de Monseigneur l'Évêque de Boulogne, publiez en son synode du sept mai mil sept cens quatre, pour addition aux statuts de l'année mil sept cens. A Boulogne, chez P. Battut, imp. de Monseig. l'Évêque, 1704 (in-4° de 40 p.) B. H.

16. Histoire de Nôtre-Dame de Bovlogne, par M. Antoine Le Roy, archidiacre et chanoine de Boulogne : 3me édition revue et augmentée. Avec permission de Monseigneur l'illustrissime et révérendissime évêque de Boulogne. A Boulogne, chez P. Battut, imprimeur de Monseigneur l'Evêque ; M.DCC.IV (in-18 de pp. XIV non ch. : 167 : fig.) F. M.

C'est l'*abrégé* de cette histoire. Nous avons parlé ailleurs de la difficulté bibliographique que soulevait l'indication faite par Jacques Lelong, d'une septième édition, laquelle aurait été, selon lui, imprimée à Paris en cette même année 1704. Nous croyons qu'il y a erreur dans cette indication ; et l'on verra plus loin qu'en réimprimant, en 1764, l'abrégé de l'histoire N.-D., Ch. Battut ne présenta son édition que comme la *quatrième*.

1726.

17. Catéchisme du diocèse de Bovlogne, par Monseigneur l'Évêque de Boulogne, pour être enseigné dans son diocèse. A Boulogne, chez P. Battut, imprimeur de Monseigneur l'Évêque. M.DCC.XXVI (in-18 de pp. XXIV non ch. : 306.)

1727.

18. Mémoire contre l'établissement du droit de subvention par doublement dans le Boulonnois. De l'imprimerie de Pierre Battut, imprimeur de la ville de Boulogne, (in-folio de pp. 4.) A.M.

Ce mémoire, signé de *Houbrone d'Auvringhen*, que la ville de Boulogne avait député pour défendre ses priviléges contre le fermier des aides, est indiqué, dans le compte des *deniers communs* pour 1727, comme ayant été imprimé en cette année. Nous connaissons d'autres mémoires, produits dans des causes semblables et sortis également de *l'imprimerie de P. Battut*, qui nous laissent ignorer par eux-mêmes, comme celui-ci, en quelle année ils ont été imprimés.

1744.

19. Statuts synodaux du diocèse de Boulogne lus et publiés le 7 octobre 1744, par François-Joseph Gaston de Partz de Pressy. Boulogne, Battut, 1744, in-12.

Nous les citons d'après la description qui en est faite à l'article 6413, supplément du tome 1er de la *bibliothèque historique de la France*.

1746.

20. Statuts Synodaux du Diocèse de Boulogne. A Boulogne, chez P. Battut, imprimeur de Monseigneur l'Evêque, (in-4° de pp. 46 : 131 : I. non ch.) B.B. et bibl. de M. LOUIS COUSIN.

Le mandement, qui se trouve en tête de ces Statuts, est daté du 16 mars 1746, année de leur impression.

1750.

21. Rituel du diocèse de Boulogne, publié par l'autorité de Monseigneur François-Joseph de Partz de Pressy, évêque de Boulogne. A Boulogne, chez Pierre Battut, imprimeur de Monseigneur l'Évêque. M.DCC.L. Avec privilège du Roi, (in-4° en deux parties, la première de pp. XX non ch. : 331, la deuxième de 252 : IX non ch.) B.B.

22. Mémoire sur l'utilité de la réformation de la Coutume du Boulenois. De l'imprimerie de Pierre Battut,(in-4°de pp.76.)B.B.

Ce mémoire est signé, à la page 73, de M. Dauphin d'Halinghen, et daté du 16 mars 1750, année dans laquelle il a été imprimé. M. Dauphin d'Halinghen exerçait alors les fonctions de conseiller du Roi, président et lieutenant-général en la Sénéchaussée du Boulonnais.

1752.

23. Mémoire signifié pour les sieurs abbé, prieur et religieux de l'abbaye de Samer, demandeurs, contre le sieur Nicolas Blondel, disant agir pour les habitans de Samer, défendeur (in-folio de pp. 32.) B.B.

Ce mémoire a été rédigé par Me LATTEUX, avocat. Au bas de

la page 27, où il se termine, on trouve cette mention : *de l'imprimerie de Charles Battut*. Les cinq dernières (28–32) contiennent des *observations particulières sur les bannalités des moulins provenans des comtes de Boulogne et de l'abbaye de Samer ;* et ces *observations* ont pour objet de justifier les prétentions de l'abbaye de Samer au droit de bannalité de leur moulin de Bellozanne, qui fait le sujet du *mémoire* et le fond du procès. Il résulte du mémoire lui-même que la contestation s'était engagée en 1750, et qu'elle suivait son cours en 1751. Mais il n'a pu être imprimé au plus tôt qu'en 1752, où Charles Battut succéda à son père, décédé le 4 février de cette année. On a, en réponse à celui-ci, un *mémoire pour les sieur curé, gentilshommes, manans, habitans, corps et communauté du bourg de Samer-au-Bois, agissans par le sieur Jean-Nicolas Blondel, syndic, défendeurs ; contre les sieurs abbé, prieur et religieux de l'abbaye de Samer, demandeurs* ; (in-folio de pp. 14.) Il a été imprimé à St.-Omer par Fertel.

1756.

24. Officia propria Sanctorum insignis Ecclesiæ Cathedralis et Dioecesis Morino-Boloniensis, ad formam Breviarii romani redacta. Boloniæ apud Carolum Battut illustrissimi ac Reverendissimi Domini D. Boloniensis Episcopi Typographum ; M.DCC.LVI. cum privilegio regis (in 8° de pp 308.. IV.) B. H.

C'est une seconde édition de l'ouvrage publié, en 1673, par l'Évêque François de Perrochel, lequel se trouvait épuisé, ainsi que le nouvel éditeur, M. de Pressy, le dit dans la préface. Il y a été fait quelques changemens nécessités par la différence des temps, des usages et des mœurs : « Nonnullas mutationes adhibuimus, præsertim in officiorum Sancti Maximi et Beati » Ludovici Antiphonis, Hymnis et Responsoriis, quæ propter » diversitatem temporum, usuum et morum olim gratiam habuerunt, nunc habent offensionem. »

On y a ajouté l'office particulier de la Sainte Vierge, et deux autres offices, l'un de l'invention de St.-Maxime, et l'autre des saints martyrs Victoric et Fuscien.

1759.

25. Stances sur l'horrible parricide commis en la personne de Monseigneur l'Evêque de Boulogne, le 14 juin 1759 (in-8° de pp. 4 non ch.) P. N.

Ces stances ne portent ni lieu d'imprimerie ni nom d'imprimeur ; mais il nous paraît hors de doute qu'elles ont été imprimées à Boulogne.

26. Mémoire des Mayeur et Echevins de la ville de Boulogne-sur-mer, sur les libertés et franchises de la ville et de son gouvernement. De l'imprimerie de Charles Battut, M.DCC.LIX (in-4° de pp. 23.) B.B.

Antérieurement à ce mémoire, on avait publié un *abrégé des franchises, immunitez et exemptions des habitans de Boulogne et du païs boulonnois* (in-4° de pp. 8.), qui a très-certainement été imprimé à Boulogne, mais à l'impression duquel nous ne saurions assigner une date précise, entre les vingt-cinq ou trente premières années du 18° siècle où il a dû paraître avec plusieurs imprimés analogues et privés, comme celui-ci, de toute indication de leur origine typographique.

1761.

27. Coutumes générales de la Sénéchaussée et Comté du Boulonnois; ressorts et enclavemens d'icelles, avec les coutumes locales d'Étaples, Wissant, Herly, Quesque, Nédonchel,

Toutes lesdites Coutumes avec leurs procès-verbaux, et icelles par ordonnances du Roi, accordées et réformées, et mises pardevers la cour de Parlement en 1651. A Boulogne, chez Charles Battut, imprimeur, M.DCC.LXI., avec permission (in-18 de pp. 247 : v non ch.) B.D. F.M.

1762.

28. Mémoire sur la mortalité des moutons en Boulonnois dans les années 1761 et 1762, par M. Desmars, médecin pensionnaire de la ville de Boulogne-sur-mer. Boulogne, Ch. Battut, 1762, in-4e de 21 p.

Nous le citons d'après la description qui en est faite à l'article 3576 de la *Bibliothèque historique de la France*. M. Desmars avait publié, avant ce mémoire, plusieurs autres écrits sur le Boulonnais, qui ne furent pas imprimés à Boulogne. Ce sont :

1° Exposition de l'état des saisons et des maladies observées à Boulogne-sur-mer, pendant les années 1756, 1757 et 1758. — Elle a été insérée dans le tome X du Journal de Médecine.

2° Mémoire sur l'air, la terre et les eaux de Boulogne-sur-mer, et ses environs, imprimé à Amiens, chez la veuve Godart, en 1759 ; (in-12). B.F. — L'auteur nous apprend, à la page 31, qu'il exerçait alors, depuis dix ans, la médecine à Boulogne.

3° De l'air, de la terre et des eaux de Boulogne-sur-mer et des environs, nouvelle édition, corrigée et considérablement augmentée, à laquelle on a joint : Constitution épidémique, observée suivant les principes d'Hippocrate, à Boulogne-sur-mer, en l'année 1759 ; avec des dissertations sur la maladie noire, les eaux du Mont-Lambert et l'origine des fontaines en général. Imprimé à Paris, chez Lottin, en 1761 (in-12.) B.F. — F.M.

Cette 2 édition est dédiée aux maire et échevins de Boulogne.

La première l'avait été au duc d'Aumont, gouverneur du boulonnais. On fait observer, dans la *Bibliothèque historique* de la France, que ce mémoire, tel qu'il a été réédité, « n'est qu'un sommaire et une espèce de prospectus d'un plus grand ouvrage » que nous ne connaissons pas et qui n'a sans doute jamais paru. Il se trouve dans le travail de Desmars quelques points historiquement décrits par lui ; et nous en tirerons cette remarque que l'Histoire de Boulogne devait être souvent traitée par les médecins. Jean Nestor, qui a publié, en 1564, un *Abbrégé* de l'histoire *des comtes de Boulongne et d'Auvergne*, était médecin ; et de nos jours, (1828-29) un docteur en médecine, M. P. Bertrand, a donné un *Précis de l'Histoire de Boulogne*. (2 vol. in-8°.)

1762.

29. Heures imprimées par l'ordre de Monseigneur l'évêque de Boulogne, à l'usage de son diocèse. A Boulogne, chez Charles Battut, imprimeur de Monseigneur l'Evêque, M.DCC.XLII. Avec privilège du Roi. (in-18 de pp. 53 : VII non chiffrées : 693 : III non chiffrées.) F.M.

La date, M.DCC.XLII, est certainement une faute d'impression dans la transposition des deux chiffres romains XL, qu'il faut rétablir ainsi, LX. L'on aura alors le millésime exact M.DCC.LXII. En effet, le mandement épiscopal qui se trouve en tête de ces *Heures*, pour en recommander la lecture aux fidèles du diocèse, est du 1er Avril 1762 ; et l'évêque, F.J. de Pressy, n'avait obtenu du roi, que le 12 août 1755, le privilège décennal qui les termine et qu'on lui avait accordé pour les ouvrages de piété, de liturgie et de religion qu'il voudrait faire imprimer. D'ailleurs, M. de Pressy n'avait pris solennellement possession du siège épiscopal de Boulogne que le 7 novembre 1743 (1) ; et cette raison seule dé-

(1) *Registre Capitulaire* reposant aux archives du palais de justice de Boulogne.

montre qu'on n'aurait pu même commencer en 1742 l'impression des *Heures* exécutée par ses ordres.

1764.

30. Histoire abrégée de Notre-Dame de Boulogne, par M. Antoine Le Roy, archidiacre et chanoine de Boulogne : quatrième édition, revue, corrigée et augmentée. A Boulogne, chez Charles Battut, imprimeur de Monseigneur l'Évêque ; M.DCC.LXIV. Avec permission (in-18 de pp. 186 : VIII non chiffrées.) F.M.

Antoine Le Roy était mort depuis le 14 janvier 1715, quand cette 4me édition parut. Les corrections qui y sont annoncées portent sur quelques parties du style de son ouvrage, et il eût été convenable de ne pas se les permettre à l'égard d'un livre consacré par la publicité que lui avait donnée son auteur et par le succès. On doit aux écrits de l'homme qui n'est plus la même inviolabilité qu'à sa cendre. Il n'est accordé à ceux qui les reproduisent après lui que de les pouvoir juger.

Quant aux additions, elles se trouvent dans le dernier chapitre de l'ouvrage et sont relatives à des faits postérieurs à la mort d'Antoine Le Roy, qu'il était plus permis d'y introduire.

1766.

31. Instruction, pratiques et prières pour la dévotion au sacré cœur de Jésus, en faveur des confréries établies par les évêques de Boulogne, et approuvées par les souverains pontifes, qui y ont attaché de grandes indulgences. A Boulogne, chez Charles Battut, imprimeur de Monseigneur l'Évêque, M.DCC.LXVI. Avec privilège du roi. (in-18 de 264 pages : plus l'*Office du sacré cœur de notre Seigneur Jésus-Christ*, dont notre exemplaire ne porte que 60 pages, les dernières étant déchirées.) F.M.

1767

32. Instructions, pratiques et prières pour la dévotion au Sacré Cœur de Jésus, en faveur des confréries établies par les évêques de Boulogne, et approuvées par les souverains pontifes qui y ont attaché de grandes indulgences. A Boulogne, chez Ch Battut, imprimeur de Monseigneur l'Évêque, M.DCC.LXVII. Avec privilège du Roi (in-18 de 102 pages.) B.H.

C'est une autre édition, réduite, de l'ouvrage publié sous le même titre, en 1766.

33. Instruction pastorale de Monseigneur l'Évêque de Boulogne, sur l'accord de la foi et de la raison dans chaque mystère de la religion. A Boulogne, chez Ch. Battut, imprimeur de Monseigneur l'Évêque; M.DCC.LXVII (In-4° de pp. 87; V non chiffrées.) B.H.

Cet exemplaire renferme plusieurs notes manuscrites de l'auteur de l'ouvrage, qui ont été employées sous forme d'additions ou de corrections dans l'édition complète de 1786

1769.

34. Instruction pastorale et dissertation théologique de Monseigneur l'Évêque de Boulogne, sur l'accord de la foi et de la raison dans le mystère de l'Eucharistie. A Boulogne, chez Ch. Battut, imp. de Monseig. l'Évêque, M.DCC.LXIX, (In-4° de pp. 142; IV non ch.) B.H.

Cet exemplaire contient une note manuscrite de M. de Pressy, à qui il a appartenu ainsi que le précédent.

1770.

35. Statuts synodaux du diocèse de Boulogne. A Boulogne, chez Ch. Battut, imprimeur de Monseigneur l'Évêque, M.DCC.LXX (in-4° de pp. 24 : 162 : II non ch.) B.H.

1771.

36. Le Paroissien, ou l'Office Divin pour tous les dimanches et fêtes de l'année, en latin et en français, augmenté des offices propres à l'usage du diocèse. A Boulogne, chez Charles Battut, imprimeur de Monseigneur l'Évêque, M.DCC.LXXI, avec privilége du Roi, (in-8° de pp. XII non chiffrées : 682 : II non chiffrées.) F.M.

1772.

37. Instruction pastorale et dissertation théologique de Monseigneur l'Évêque de Boulogne, sur l'accord de la foi et de la raison dans les mystères de l'incarnation et de la rédemption. A Boulogne, chez Ch. Battut, imprimeur de Monseigneur l'Evêque; M.DCC.LXXII, (in-4° de pp. 102 : II non chiffrées.) F.M.

1773.

38. Les principes de la langue latine, avec des règles pour apprendre facilement et en peu de temps à bien décliner et conjuguer. A l'usage du collège. A Boulogne, chez Charles Battut, imprimeur de Monseigneur l'Evêque, M.DCC.LXXIII (in-12 de pp. 306 : II non ch.) B.B.

Nous ne savons s'il faut attribuer aux presses boulonnaises les ouvrages suivans, mentionnés avec d'autres qui en sont sortis, à la fin de ce livre, comme appartenant au fonds de la librairie de Charles Battut :

1° *Vie de Sainte Ide.*
2° *Règles de la Civilité Chrétienne.*
3° *Livre d'Arithmétique.*
4° *Journée du Chrétien.*
5° *Pensées Chrétiennes pour chaque jour du mois.*
6° *De l'Adoration perpétuelle.*

39. Abrégé des particules, ou suite des principes de la langue latine, à l'usage du collège. A Boulogne, chez Ch. Battut, imprimeur de Monseigneur l'Évêque, M.DCC.LXXIII (in-18 de pp. 141)

40. Instruction pastorale et dissertation théologique de Monseigneur l'évêque de Boulogne, sur l'accord de la foi et de la raison dans les mystères de l'incarnation et de la rédemption. A Boulogne, chez Ch. Battut, imprimeur de Monseigneur l'Évêque, M.DCC.LXXIII (in-4° de 160 pages) B.H.

1775.

41. Mandement de Monseigneur l'Évêque de Boulogne au sujet du brigandage exercé sur les blés dans la capitale et autres endroits du royaume (*donné le 17 mai 1775.*) Chez Ch. Battut, imprimeur de Monseigneur l'évêque, (in-4° de 9 pages.) B.H.

42. Ordonnance qui fait défenses à toutes personnes, autres que les libraires, de faire le commerce de livres. De l'imprimerie de Ch. Battut ; (placard in-folio.) A.M.

Elle a été rendue par les mayeur, vice-mayeur et échevins de la ville et banlieue de Boulogne-sur-mer le 3 novembre 1775, pour être exécutées dans cette ville.

1776.

43. Instruction pastorale et dissertation théologique de Monsei-

gneur l'évêque de Boulogne, sur l'accord de la foi et de la raison dans les mystères de l'Incarnation et de la rédemption. A Boulogne. Chez Ch. Battut, imprimeur de Monseigneur l'évêque, M.DCC.LXXVI (in-4° de 200 pages.) B.B.

Cette instruction est le complément de celles précédemment publiées sur le même sujet.

1778

44. Instruction pastorale et dissertation théologique de Monseigneur l'Évêque de Boulogne, sur l'accord de la foi et de la raison dans le mystère de la distribution des dons inégaux de la grace et des moyens suffisans de salut, (1re *partie*.) A Boulogne, chez Ch. Battut, imprimeur de Monseigneur l'Évêque, M.DCC.LXXVIII. (in-4° de pp. 214 : II non chiffrés.) B.B.—F.M.

L'instruction est datée, à la fin, du 30 juin 1779, et cette date est celle de son édition. Le millésime du titre indique l'année où l'on a commencé de l'imprimer. Nous avons déjà fait, au sujet des *Coutumes* publiées en 1694, la même observation que nous pourrions répéter encore. Celle qui est particulière à cet article nous montre que M. de Pressy n'a pas attendu que son ouvrage fût entièrement rédigé pour le faire imprimer, mais qu'il en a livré les pages à l'imprimeur à mesure qu'il les écrivait. Cette circonstance ne suffirait pas pour nous assurer que ce fut sa manière habituelle de travailler; mais elle peut le faire présumer.

1780.

45. Rituel du diocèse de Boulogne, publié par l'autorité de Monseigneur François-Joseph de Partz de Pressy, évêque de Boulogne. A Boulogne, chez Charles Battut, imprimeur de Mon-

seigneur l'Évêque, M.DCC.LXXX, avec privilège du Roi (in-4° en deux parties; la 1re de pp. 280, et la 2e de 328 : LXIV chiff. jusqu'à la LVe. B.B—B.H.

Cette édition diffère de celle de 1750, 1° par le mandement aux curés, vicaires et autres prêtres du diocèse; 2° en ce que les *fêtes observées dans ce diocèse* n'y sont plus indiquées et qu'il ne s'y trouve pas de *table des temps*; 3° à raison de plusieurs changemens et d'additions faites particulièrement dans la seconde partie de l'ouvrage.

46. Réglement pour les prix de sagesse et les dots fondés en faveur des filles pauvres les plus vertueuses de la Paroisse. (*St.-Nicolas de Boulogne*; in-4° de 15 pages non ch.) B.H.

On lit à la fin, une *épître* de quarante-et-un vers adressés aux *Salenciens* (habitans de Salency), par *Marteau de Gonsonville, près Mantes-sur-Seine*; et l'auteur y est annoncé comme *originaire de ce diocèse* (de Boulogne), bien qu'il se dise lui-même de *Gonsonville*.

L'impression de ce réglement a vraisemblablement eu lieu l'année même de la fondation faite par l'évêque de Pressy, c'est-à-dire en 1780. Ch. Battut l'a aussi imprimé dans le Rituel de 1780, pour être appliqué aux fondations de même nature, faites dans six paroisses où l'évêché de Boulogne possédait des seigneuries : c'étaient les paroisses d'Alquine, de Brunembert, de Fruges, d'Humière, de Lisbourg et de St.-Martin-d'Hardinghen.

1781.

47. Instruction pastorale et dissertation théologique de Monseigneur l'Évêque de Boulogne, sur l'accord de la foi et de la raison dans le mystère de la distribution des dons inégaux de la grâce et des moyens suffisans de salut. (2me *partie*.) A Boulogne, chez François Dolet, imprimeur de Monseigr. l'Évêque, M.DCC.LXXXI, (in-4° de pp. 122 : II non chiffrées.) F.M.

48. Mandement de Monseigneur l'illustrissime et révérendissime évêque de Boulogne, pour la translation solennelle des sacrées reliques de Saint-Omer et de Saint-Folquin, les plus illustres évêques de son diocèse. (6 *décembre* 1781.) A Boulogne, chez Fr. Dolet, imprimeur de Monseig. l'Évêque (in-4° de pp. 12.) B.H.

1782.

49. Réglement pour la fondation d'un prix de sagesse et d'une dot en faveur des filles pauvres les plus vertueuses de la paroisse St.-Joseph de Boulogne. A Boulogne, de l'imprimerie de François Dolet, 1782 (in-4° de pp. 16). B.H.

L'auteur de cette fondation, instituée à l'instar de celle de l'Évêque de Pressy, a été Jean-Dénis Lesselin, docteur en Sorbonne et chanoine de l'église cathédrale de Boulogne. L'église St.-Joseph, dans laquelle il a fondé un prix et une dot, l'avait eu auparavant pour curé. On a fait suivre le règlement, 1° de la requête qu'il présenta à son évêque le 1er février 1782 pour y être autorisé ; 2° de l'approbation de l'évêque en date du 4 du même mois, et 3° et de l'acceptation, faite au nom de la fabrique de St.-Joseph, d'un legs de 300 livres de rente au capital de 6,000 livres, applicable à la fondation.

1784.

50. Mémoires sur l'agriculture du boulonnois et des cantons maritimes voisins, par M. D. C. (*Dumont de Courset*). A Boulogne, chez F. Dolet, imp.-libraire, M DCC.LXXXIV (in-8° de pp. III : 260 : III non ch.) B.B.

Georges-Louis-Marie Dumont, baron de Courset, naquit, en 1746, à Courset, village du Boulonnais. Ces *mémoires* sont toujours cités comme le premier ouvrage qu'il publia sur une science dans laquelle son *Botaniste cultivateur* l'a rendu très-renommé.

Il a mérité que la Société Centrale d'Agriculture de Paris mit son éloge au concours; et M. P. Hédouin y remporta le prix, consistant en une médaille d'or à l'effigie d'*Olivier de Serres* (1). On li avec plaisir l'élégante notice qui lui a valu cette distinction.

1785.

51. Le Ballon, poëme héroï-comique (in-8°.) B.B.

Ce poëme de 13 pages d'impression, et de 274 vers, en deux chants, ne porte ni nom d'auteur et d'imprimeur, ni lieu d'impression. Mais on lit à la fin ces mots qui y suppléent suffisamment : « *permis d'imprimer à Boulogne, le 10 avril* 1785 : signé De » Hame. » Il est donc sorti des presses de F. Dolet, quelques mois avant la chute de Pilâtre de Rozier, arrivée le 15 juin 1785. L'auteur en a exposé le sujet dans cet argument :

« Vénus se venge ici des dédains et de l'abandon de Pi- » lâtre de Rozier ; elle emploie pour le retenir à Boulogne » tous les moyens que lui suggère sa vengeance. De là l'immobi- » lité du Ballon, qui fait le sujet de ce poëme. »

S'il a été mêlé quelque vérité aux fictions mythologiques de notre poëme, les vers suivans peuvent offrir un intérêt historique:

« Boulogne est donc choisi pour le lieu du départ,
Et le Ballon est mis sous les murs du rempart :
Alentour on élève une tente complète,
Pour le mettre à l'abri des vents, de la tempête :
Tous les matériaux, à grands frais amassés,
Sont dans les magasins avec soin entassés.
On prépare bientôt Acide, Air inflammable ;
On tente de gonfler la Machine incroyable.
Déjà sont fabriqués grand nombre de tuyaux,
Qui communiquent tous du Ballon aux tonneaux :

---

(1) *Annales de l'Agriculture Française ;* 2e série, tom. 42, page 107, Paris, avril 1828.

Tout est prêt ; et le Vent devenu favorable,
Annonce au Voyageur un Passage agréable.
La nouvelle s'apprend ; on voit de toutes parts
Arriver des Bourgeois, des nobles Campagnards ;
Hommes de tout état, et la femme et la fille
Inondent aussitôt les Fauxbourgs et la Ville.
Et dès le lendemain les boiteux, les bossus,
Les muets et les sourds, les pelés, les tondus,
Apprennent que le Vent est devenu contraire,
Que l'on ne peut partir sans être téméraire.
De cet événement, l'un honteux et confus,
S'enfuit, en protestant de ne revenir plus :
L'autre, désespéré de sortir de la Ville,
Et sans pouvoir conter merveille à sa famille,
Se venge méchamment en de *mauvais propos* ;
L'un lâche une épigramme, et l'autre des bons mots.

1786.

52. Instructions pastorales et dissertations théologiques de Monseigneur l'Évêque de Boulogne, sur l'accord de la foi et de la raison dans les mystères considérés en général et en particulier. A Boulogne, chez François Dolet, imprimeur de Mgr. l'Évêque, M.DCC.LXXXVI, (deux vol. in-4°, dont le premier seul se trouve à la bibliothèque de M. l'abbé Haffreingue.) B.H.

C'est la 2e édition des *Instructions* sur les mystères, réunies ci dans une collection complète.

1788.

53. Instruction pastorale de Monseigneur l'Évêque de Boulogne, sur les avantages de la foi et de la soumission à l'autorité de l'église. A la suite de laquelle se trouvent, 1° les relations de la conversion de M. Thayer, ci-devant ministre protestant à Boston, et

de Madame Pitt, religieuse au couvent de la Visitation, à Abbeville; 2° un extrait de l'analyse de l'ouvrage de Benoît XIV, sur les béatifications et canonisations; 3° des observations sur les miracles; 4° la réfutation d'un article inséré dans les Nouvelles Ecclésiastiques du 8 mars 1788. A Boulogne, chez Fr. Dolet, imprimeur de Monseig. l'Évêque, M.DCC.LXXXVIII. (In-4° de pp. 60 : XIV : LXXII, commenç. à la XXXIII par erreur de pagination.) B.H.

1789.

54. Discours prononcé par M. Gros, avocat fiscal de Boulogne-sur-mer, à l'ouverture de l'assemblée du Tiers-Etat de cette ville, présidée par MM. les officiers municipaux, le 10 mars 1789. A Boulogne, de l'imprimerie de Dolet, rue des Pipots, (In-8° de pp. 12.) B.B.

L'assemblée devant laquelle ce discours fut prononcé avait pour objet la rédaction du cahier du Tiers-Etat de Boulogne, pour les Etats-Généraux de 1789, auxquels M. Gros lui-même fut élu l'un des députés du Boulonnais.

55. Mandement de Monseig. l'Évêque de Boulogne, pour faire le *Te Deum* dans toutes les églises de son diocèse, en actions de graces des délibérations de l'Assemblée-Nationale du 3 août 1789, relativement à la Restauration de la liberté de la France. (*donné le* 12 *août* 1789.) A Boulogne, chez François Dolet, imprimeur de Monseigr. l'Evêque (in-4°. de 12 pages.) B.H.—P.M.

1790.

56. Oraison funèbre de Monseigneur François-Joseph Gaston de Partz de Pressy, évêque de Boulogne. Prononcée en l'église

cathédrale de Boulogne le 8 février 1790, par M. l'abbé Coquatrix, licencié en théologie, de la maison et société de Sorbonne, chanoine et vicaire-général de Boulogne. A Boulogne, de l'imprimerie de Dolet, rue des Pipots, 1790 (in-4° de pp. 33.) B H.

57. Mandement de Monseigneur l'évêque de Boulogne, concernant la retraite ecclésiastique. A Boulogne, chez F. Dolet, imprimeur de Monseigneur l'évêque (in-4° de 12 pages.) B. H.

Ce mandement porte la date du 15 mai 1790, qui donne approximativement celle de son impression. L'évêque de Boulogne était alors Jean-René Asseline.

58. Discours prononcé devant MM. les députés chargés de souscrire au pacte fédératif, au nom du régiment national de Boulogne, par M. Leuillette, soldat dans ledit régiment. (à *la suite des exempl. ont*) Discours prononcé devant MM. les officiers municipaux, en remercîment de l'accueil dont ils ont honoré celui qui précède, par J. J. Leuillette, soldat dans la compagnie de la Colonelle. A Boulogne, de l'impr. de Dolet, (in-4° de pp. 8.) F. M.

59. Discours prononcé le 18 juin 1790, au retour de MM. les députés aux pactes Fédératifs d'Arras et de Lille, par Jean-Jacques Leuillette, ouvrier serrurier, âgé de 22 ans, soldat de la garde nationale de Boulogne. A Boulogne, de l'imprimerie de Dolet, 1790, (in-4° de deux pages). F. M.

60. Discours prononcé à l'occasion de la prestation solennelle de serment de la garde nationale de Boulogne et de la garnison,

le 14 juillet 1790, par Jean-Jacques Leuillette. A Boulogne, de l'imprimerie de Dolet, 1790, (in-4° de pp. 4.) F.M.

61. Demi-Pseautier à l'usage des écoles, contenant les prières du matin et du soir, l'ordinaire de la messe, les sept pseaumes de la pénitence, les vêpres et les complies des dimanches, les hymnes pendant l'année, etc., l'office de Noël et celui des morts; avec les règles de la prononciation latine. A Boulogne, de l'imprimerie de Dolet, 1790, (in-18 de pp. 213.) F.M.

62. Instruction pastorale de M. l'Évêque de Boulogne, sur l'autorité spirituelle (*donnée le 24 octobre* 1790). A Boulogne, chez F. Dolet, imprimeur de M. l'Évêque (in-4° de pp. 43.)

L'évêque de Boulogne, Jean-René, rendit manifeste, par cette instruction, son opposition aux décrets de l'Assemblée-Nationale sur la constitution civile du clergé. Cet écrit fut répandu avec profusion, et les curés du diocèse reçurent même de l'évêché l'ordre de le lire au prône dans leurs églises. Le directoire du district en fut informé assez à temps pour le leur faire défendre. Il considéra que, « cette lecture faite dans les églises, en présence » du peuple assemblé, pourroit entraîner les conséquences les » plus funestes, à cause de l'influence que les prêtres conser- » voient encore sur beaucoup d'esprits, à peine *dégagés des ténè-* » *bres de l'esclavage ancien.* (1) »

La saisie de l'*Instruction* fut ordonnée ensuite par le district, et pratiquée chez l'imprimeur, sur ce qui lui restait d'exemplaires. Elle eut sans doute été plus fructueuse au domicile de l'évêque, si elle y avait été également opérée, ainsi que le procureur

(1) Délib. du directoire du district de Boulogne du 10 décembre 1790.

syndic l'avait demandé. Mais le district crut devoir s'en référer à l'administration du département pour « les précautions à prendre contre le *ci-devant évêque de Boulogne*, » lequel jugea le temps venu de ne plus continuer son opposition qu'en lieu de sûreté.

Plusieurs autres Instructions pastorales, dans lesquelles il prend encore, malgré sa déchéance, le titre d'*Évêque de Boulogne*, sont adressées au clergé et aux fidèles de ce *diocèse*, et données à *Ypres*, où il s'était probablement retiré. Nous distinguerons celle qui a pour sujet, *l'obligation de s'attacher aux pasteurs légitimes.*

1791.

63. Accord de la foi catholique, avec les décrets de l'Assemblée Nationale sur la constitution civile du clergé, par M. Daunou, prêtre de l'Oratoire, membre de la Société des Amis de la Constitution. A Boulogne, de l'imprimerie de Dolet, 1791, (in-4° de huit pages.) F.M.

64. Réponse du Père Daunou, prêtre de l'Oratoire, aux questions de M. M. F. P***. A Boulogne, de l'imprimerie de Dolet. (in-4° de 8. p.) F.M.

65. Lettre de M. Daunou, de l'Oratoire, membre de la Société des Amis de la Constitution de Boulogne-sur mer, à M. B. M. A Boulogne, de l'imprimerie de Dolet, 1791 (in-4° de 15 p.) F.M.

Les deux derniers de ces trois opuscules, qui sont très-peu connus, continuent, sous une forme polémique, le sujet traité dans le premier. Ils n'avaient presque plus laissé d'impressions dans les souvenirs de M. Daunou sur la fin de ses jours. Nous avons eu occasion de les lui rappeler quelquefois, et il nous a dit avec cette circonspection qui marquait toutes ses paroles et tous ses écrits, que la lettre où il répondait à M. B. M. *avait pu* être adressée à M. *Bonvalet, Missionnaire.*

66. Eloge funèbre d'Honoré Riquetti, ci-devant Mirabeau, prononcé dans une séance du club des Amis de la Constitution, après le service solennel, le 12 avril 1791, par J. J. Leuilliette, serrurier, soldat de la garde nationale de Boulogne-sur-mer, (petit in-8º de 14 p.). B.B.—F.M.

L'imprimeur de cet éloge n'est pas nommé ; mais on ne saurait douter que ce fut F. Dolet.

67. Etrennes historiques, géographiques, civiles et littéraires du district de Boulogne, pour l'année bissextile 1792, (*avec cette épigraphe*) :

« C'est par l'étude que nous sommes
» Contemporains de tous les hommes
» Et citoyens de tous les lieux. »

A Boulogne, de l'imprimerie de Dolet. (In-18 de 132 p.)

B.B.—F.M.

L'auteur de ces *étrennes*, feu M. Henry, est aussi celui du *calendrier historique et topographique du district de Boulogne pour l'année* 1791, qu'il fit imprimer à *Dunkerque*, chez *Denys-Montfort*. L'exemplaire du *calendrier* qui lui a appartenu se trouve en notre possession. Il porte des corrections et des additions écrites de sa main, provoquées par plusieurs erreurs dans certains renseignemens historiques qu'il avait reçus, et par des négligences de l'imprimeur, qui n'a même pas achevé l'ouvrage, et a tronqué, au rapport de l'auteur, ce qu'il en a imprimé. Le *calendrier* s'arrête effectivement à la page 86, et l'auteur n'a jamais pu obtenir le reste de l'impression, ni parvenir à retirer son manuscrit des mains de *Denys-Montfort*. M. Henry avait avancé, à la page 29, qu'on ne *trouvait aucune médaille de Caligula aux environs de Boulogne*. L'une de ses notes manuscrites rectifie son assertion. « Ce passage est des plus faux, dit-il, » L'abbé Cléry, qui n'a pu se procurer aucune médaille de Cali- » gula, me soutint qu'il n'en existait aucune de ce monstre dans » le pays ; mais depuis je me suis convaincu que cet antiquaire » n'y connaissait rien, et qu'il m'avait induit en erreur. » Au reste l'*Essai historique* sur l'arrondissement de Boulogne, publié en 1810, par M. Henry, a corrigé les erreurs historiques du *calendrier*.

1792.

68. Extrait du registre aux délibérations du directoire du district de Boulogne. A Boulogne, chez F. Dolet, imprimeur du district (in-4° de huit pages).

Cet extrait renferme, 1° un programme arrêté le 11 juillet 1792, par le directoire du district de Boulogne, pour la célébration de la fête de la fédération ; 2° un rapport fait le 17 du même mois, par le membre du directoire *chargé de l'exécution* de cette fête ; et 3° le discours prononcé par le procureur syndic avant la prestation du serment fédératif.

AN II DE LA RÉPUBLIQUE FRANÇAISE.

69. Essai sur l'histoire topographique physico-médicinale du district de Boulogne, département du Pas-de-Calais, par le citoyen Souquet, médecin de l'hôpital militaire de ladite ville, et membre de la Société Nationale de Médecine de Paris. A Boulogne, de l'imprimerie de Dolet, l'an deuxième de la République Française une, indivisible et impérissable (in-18 de 160 p.) B.B.

L'auteur a dédié son ouvrage à la Convention-Nationale. Le même médecin a publié en février 1788, en forme d'*extrait du journal de médecine*, une *observation sur une angine*, qu'il a fait réimprimer dans cet *Essai*.

70. Prospectus pour la fête de la patrie, que doit célébrer le peuple libre de Boulogne, la seconde décade de l'an deuxième de l'ère française de la république, une, indivisible et impérissable (10 Novembre, vieux style.) A Boulogne, chez le citoyen Dolet (in-8° de 12 pages.) F.M.

Ce prospectus est adressé par « les hommes libres de Boulogne, à tous les hommes libres *de notre globe*. »

71. Fête en l'honneur de la nature et de l'Être Suprême, décrétée par la Convention Nationale le 18 floréal (*an II.*) Prospectus pour le district de Boulogne (in-8° de 13 pages, plus une non chiffrée.) F.M.

Ne porte ni lieu d'impression ni nom d'imprimeur. Le prospectus est arrêté par les administrateurs du district de Boulogne le 12 prairial an II.

72. Les Sans-Culottides, chant triomphal, (*et*) les Récompenses, par le citoyen Wyant. A Boulogne, de l'imprimerie de Dolet, (in-8° de pp. 4.) F.M.

Ces deux chants républicains ont chacun trois couplets. La date de leur impression n'est point marquée. On voit par plusieurs vers de celui intitulé *les Sans-Culottides* qu'elle n'était pas très-éloignée du jour où les cendres de J. J. Rousseau devaient être transportées au Panthéon. Au moins d'autres vers de la même pièce nous assurent-ils qu'elle est postérieure à la mort de Marat. C'est donc en l'an II qu'ils ont dû être imprimés. L'auteur des *Sans-Culottides* a composé, pendant la révolution, beaucoup d'autres poésies de ce genre ; et plusieurs d'entr'elles sont sorties des presses de M. LeRoy-Berger, qui était déjà, à Calais, le concurrent de F. Dolet pour la clientelle boulonnaise.

73. Annuaire, ou Calendrier du district de Boulogne, pour la troisième année de la République Française, une et indivisible (année sextile). A Boulogne, de l'imprimerie de Dolet. Se vend chez Henry l'aîné, haute-ville, et Baret cadet, basse-ville ; (in-18 de pp. 54.) B.B.—F.M.

L'auteur est feu M. Henry.

AN V.

74. Réponse pour le citoyen Merlin-Dubrœuil, armateur du corsaire *le Sauvage*, au mémoire du capitaine Colin Campbell. A Boulogne, de l'imprimerie de Dolet, an V (in-4° de 53 p.) F.M.

Cette réponse est signée *Merlin-Dubreuil*, et *Duterire*, *défenseur officieux*.

AN VI.

75. Chants civiques pour la Fête des Epoux célébrée dans la commune de Boulogne-sur-mer, le 10 floréal an 6 de la République. A Boulogne, de l'imprimerie de Dolet, (in-4° de pp. 4.) B.B.

Ces chants, au nombre de trois, sont signés, le 1er, *L.-M. Henriquez, professeur de littérature de l'Ecole Centrale du département du Pas-de-Calais*; le 2e, *F. Lejey, artiste dramatique*; le 3e, *par le citoyen Wyant*.

AN VII.

76. De l'emploi des beaux-arts dans une république, à l'occasion de la distribution des prix de dessin à l'Ecole Centrale du département du Pas-de-Calais. A Boulogne, de l'imprimerie de Dolet, an VII de la république (in-8° de huit pages.) P.M.

Ce discours a été composé par Th. Eddrop Guilliot, professeur de dessin à l'École Centrale du Pas-de-Calais, établie à Boulogne.

La NOTICE et l'ESSAI qui précèdent ont paru, pour la première fois, dans les numéros des 26 novembre, 3, 10, 24 et 31 décembre, 1840, de l'*Annotateur* de Boulogne. Nous les avons reproduits avec plusieurs additions et des corrections qui les rendent plus exacts.

Ils commencent la série des travaux que nous devons publier, successivement, sur l'exercice des professions libérales et de l'enseignement, pendant les trois derniers siècles, dans la ville de Boulogne; sur celui des arts et métiers, sur l'état des beaux-arts et de l'industrie durant la même période; en un mot, sur tous les points de l'histoire locale, qui peuvent retracer et faire apprécier la marche de la civilisation dans cette ville, depuis l'époque où ses archives offrent les moyens de la constater.

Nos recherches bibliographiques sur les impressions boulonnaises auront déjà elles-mêmes préparé cette étude, au moyen de l'analyse des documens scientifiques, littéraires, de bienfaisance éclairée, ou autres, que l'imprimerie de Boulogne a fait connaître, et que nous avons pu quelquefois ne considérer qu'à ces titres pour les placer parmi ses PRINCIPALES productions. Nous nous occupons de fournir une suite à ces recherches et de reprendre, à partir de 1600, pour la continuer jusqu'à nos jours, et postérieurement, d'année en année, l'enregistrement et la description des ouvrages qui sont sortis ou qui sortiront des presses boulonnaises, dont le mouvement, ralenti durant la période révolutionnaire de 1793, a recouvré, sous les influences diverses des événemens et de l'esprit de notre siècle, l'activité que les dernières années du règne de Louis XVI étaient si heureusement en train de lui donner.

4 Février 1841.

TABLE.

RÉD. : 21

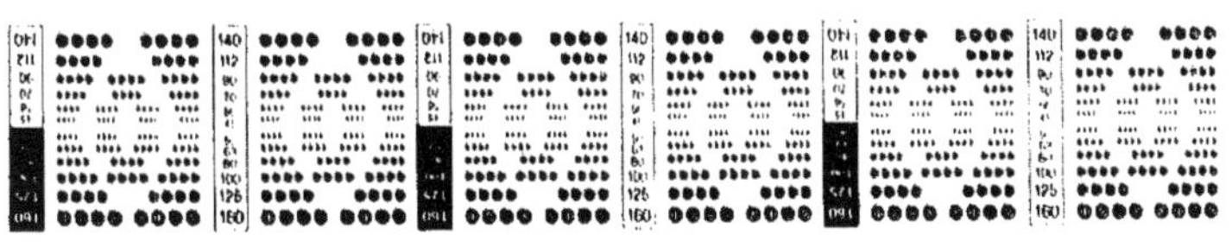

MIRE ISO N° 1
NF Z 43-007
AFNOR
Cedex 7 - 92080 PARIS-LA-DÉFENSE

graphicom

www.ingramcontent.com/pod-product-compliance
Ingram Content Group UK Ltd.
Pitfield, Milton Keynes, MK11 3LW, UK
UKHW012109240726
13965UKWH00004B/1662